MODIFICATIONS

INTRODUITES DANS LA NOUVELLE ÉDITION (1898)

DU

CODE CIVIL DU MONTÉNÉGRO

TRADUCTION

COMMUNIQUÉE A LA SOCIÉTÉ DE LÉGISLATION COMPARÉE

PAR

M. BOGIŠIĆ

CORRESPONDANT DE L'INSTITUT

ANCIEN MINISTRE DE LA JUSTICE DU MONTÉNÉGRO

AUTEUR DU CODE

EXTRAIT DE L'ANNUAIRE DE LÉGISLATION ÉTRANGÈRE

PARIS

SOCIÉTÉ ANONYME DE PUBLICATIONS PÉRIODIQUES

P. MOUILLOT, Imprimeur

13, QUAI VOLTAIRE, 13

1900

MODIFICATIONS

INTRODUITES DANS LA NOUVELLE ÉDITION (1898)

DU

CODE CIVIL DU MONTÉNÉGRO

TRADUCTION

COMMUNIQUÉE A LA SOCIÉTÉ DE LÉGISLATION COMPARÉE

PAR

M. BOGIŠIĆ

CORRESPONDANT DE L'INSTITUT

ANCIEN MINISTRE DE LA JUSTICE DU MONTÉNÉGRO

AUTEUR DU CODE

EXTRAIT DE L'*ANNUAIRE DE LÉGISLATION ÉTRANGÈRE*

PARIS

—

SOCIÉTÉ ANONYME DE PUBLICATIONS PÉRIODIQUES

P. MOUILLOT, Imprimeur

13, QUAI VOLTAIRE, 13

—

1900

MONTÉNÉGRO

MODIFICATIONS INTRODUITES DANS LA NOUVELLE ÉDITION (1898) DU CODE CIVIL DU MONTÉNÉGRO DE 1888 ET APPLI-QUÉES DEPUIS LE 1ᵉʳ AVRIL 1898 (1).

Traduction communiquée par M. Bogisic, *correspondant de l'Institut, ancien ministre de la Justice du Monténégro.*

(L'oukase de promulgation de la première édition, en date du 25 mars 1888 (v. s.), a été maintenu et complété par l'oukase suivant :)

Nous, Nicolas Iᵉʳ, par la grâce de Dieu, prince régnant du Monténégro, donnons à savoir ce qui suit :

La première édition de notre Code général des Biens du 25 mars 1888 étant épuisée, le besoin s'est imposé d'en préparer une nouvelle.

L'approbation et les éloges avec lesquels le monde juridique avait una-nimement accueilli cette œuvre législative, se trouvent complétement justifiés par son application dans nos tribunaux.

Il va sans dire que, pendant la dizaine d'années qui vient de s'écouler, la pratique judiciaire a dû nécessairement relever, dans un code de ce genre et de pareille étendue, même des points qu'il convenait, à la pre-mière occasion, de soumettre à un examen spécial, en sorte de les faire mieux correspondre aux conditions et aux besoins qui se sont produits ou révélés au cours de cette période.

La préparation précitée de la nouvelle édition est venue justement à point offrir une opportunité convenable pour exécuter en même temps cette opération. L'occasion était d'autant plus propice que, conformément à notre désir, l'auteur même du Code, M. le docteur V. Bogisic, notre ministre actuel de la justice, a pu encore se charger personnellement de cette double tâche. Il lui a été naturellement plus facile qu'à tout autre de

---

(1) Tous les passages modifiés, ainsi que les additions, sont imprimés en italique.

procéder, en cette circonstance, conformément à notre indication principale : c'est-à-dire d'exécuter ladite tâche suivant la méthode et l'esprit appliqué à sa grande œuvre primitive de rédaction du Code lui-même.

Aussi, après avoir examiné avec soin et en tous sens le travail qui nous a été soumis, une fois terminé, nous avons constaté que cette nouvelle édition est demeurée absolument fidèle aux principes législatifs et au caractère essentiel de la première ; — que les modifications y introduites correspondent entièrement aux besoins réels et qu'elles perfectionnent les passages auxquels elles se rapportent ; — que, malgré ces modifications, la nouvelle édition a rigoureusement conservé même la forme extérieure de l'édition première, au point de laisser intacts l'ordre et la numération non seulement des grandes divisions, mais aussi des articles.

En conséquence, attendu que la nouvelle édition ainsi revisée, sans altérer le caractère essentiel du Code, élève son degré de perfectionnement et augmente sa valeur pratique, en donnant notre entière approbation au travail qui nous est soumis, nous avons décidé d'ordonner et nous ordonnons ce qui suit :

Art. I. — Cette nouvelle édition de notre Code général des Biens, avec toutes ses modifications, entre en vigueur le 1er avril 1898.

Art. II. — Les dispositions des articles II, III et IV de l'oukase par lequel ledit Code a été promulgué dans son édition primitive, sont appliquées également à cette nouvelle édition.

Donné à Cetinje, le jour de St-Sava le Serbe, le 14 janvier 1898.

L. S.   NICOLAS $\frac{m}{P}$

PREMIÈRE PARTIE.

DISPOSITIONS PRÉLIMINAIRES.

(Aucune modification).

DEUXIÈME PARTIE.

DE LA PROPRIÉTÉ ET DES AUTRES DROITS RÉELS.

(Le texte de la première édition).

Art. 28. — (Le texte de la première édition est suivi de l'observation ci-après) :

Observation : Jusqu'à nouvel ordre, les tribunaux de capitainerie sont chargés de l'homologation des contrats, d'achat d'immeubles qui avait été confiée aux tribunaux d'arrondissement par l'alinéa 1er de l'art. 28. (Ordonnance du Ministère de la Justice du 16 décembre 1893.)

Art. 29. — Au moment même de la réception du contrat, le

tribunal mentionne, sans aucun retard, sur son registre et inscrit en tête de l'acte le jour de la réception, après quoi il en donne récépissé au déposant.

Si le porteur ne peut attendre, dans le tribunal, l'achèvement de toutes les opérations de l'homologation (art. 30), il lui est loisible de réclamer la délivrance d'un certificat écrit qui atteste le dépôt de cet acte.

Art. 32. — (Le texte de la première édition est suivi de l'observation ci-après) :

Observation : Pour tout le temps qu'on laissera aux tribunaux de capitainerie le soin d'homologuer les contrats d'achat d'immeubles (voir l'observation de l'art. 28 du présent code), les formalités prévues par l'art. 32, ainsi que par les deuxième et troisième alinéas de l'art. 834, et enfin celles des deuxième et troisième alinéas de l'art. 835 du présent code se réduisent à ce qui suit :

On transcrira exactement et complètement, sur un registre spécial du tribunal de capitainerie, l'acte de contrat avec toutes ses annexes; ces transcriptions pourront être examinées par toute personne intéressée dans l'affaire, et chaque intéressé aura le droit d'en obtenir des copies. (Ordonnance du Ministère de la Justice du 16 décembre 1893.)

Art. 35. — Tout ce qui est élevé sur un fonds ou construit en dessous appartient de droit au propriétaire du fonds, à moins de convention contraire exprimée dans un acte légal.

Il existe des règles spéciales pour les constructions, ainsi que pour les conséquences légales de ces constructions, qui sont édifiées sur les fonds situés dans l'intérieur des villes et appartenant à l'Église, à l'État et aux communes, de même que sur les terrains appartenant à des agas et situés en dehors des villes.

Art. 47. — *Chacun a le droit de vendre à qui que ce soit ou d'aliéner de toute autre façon tous biens immeubles, etc.*

Art. 49. — *La priorité entre ayants droit à la préemption, s'exerce dans l'ordre suivant : tout d'abord les membres de la phratrie du vendeur jusqu'à la sixième parentèle inclusivement; puis les propriétaires limitrophes de l'immeuble à vendre, mais seulement ceux établis dans le village où est situé cet immeuble; en troisième lieu les habitants du village dans lequel est situé l'immeuble, qui ne sont pas en même temps propriétaires limitrophes; immédiatement ensuite les propriétaires limitrophes établis dans un village autre que celui où est situé l'immeuble; et enfin les autres membres de la tribu qui ne rentrent dans aucune des catégories précédentes.*

Les membres de la phratrie viennent entre eux dans l'ordre fixé par leur degré de parenté avec le vendeur. Si plusieurs se trouvent au même degré, celui d'entre eux qui est en outre propriétaire limitrophe passe avant les autres. Il n'existe pas de priorité entre les habitants du village auquel appartient l'immeuble à vendre, non plus qu'entre les membres de la tribu au delà de la sixième parentèle.

L'art. 107 règle les cas dans lesquels les copropriétaires ont le droit de présemption, et l'ordre dans lequel ils l'exercent. Les articles 254 et 255 posent les mêmes règles pour ceux qui ont acquis ce droit par convention.

Art. 50. — Quand il y a plusieurs proches qui arrivent au même rang *et que tous, ou plusieurs d'entre eux, veulent user de leur droit, au cas où ils ne peuvent se mettre d'accord entre eux et qu'aucun n'offre un prix supérieur, le vendeur choisit parmi les ayants droit son acheteur.*

Si le bien est divisible, le vendeur peut empêcher que les proches enchérissent entre eux. Dans ce cas, s'ils ne se mettent pas autrement d'accord, les ayants droit se divisent l'immeuble en parts égales. Si tous les acheteurs sont limitrophes et de rang égal, le partage doit se faire proportionnellement à la longueur sur laquelle leurs terrains respectifs touchent l'immeuble à vendre.

Art. 53. — *Lorsque le vendeur a communiqué à celui des proches qui vient en ordre utile (art. 48) le prix qu'il exige et les autres conditions de vente, l'ayant droit doit déclarer immédiatement s'il accepte ou non l'offre qui lui est faite. Quand ce dernier refuse, soit tacitement soit expressément, le vendeur peut immédiatement céder le bien à un ayant droit plus éloigné, ou au même prix ou à un prix supérieur. Toutefois le vendeur ne peut aliéner son immeuble à un prix inférieur qu'après l'avoir de nouveau offert, à ce même prix, à l'ayant droit antérieur.*

Si le proche auquel l'offre de vente doit être faite se trouve absent pour un laps de temps prolongé, et particulièrement s'il se trouve assez loin en dehors du pays, le vendeur doit adresser l'offre au représentant de l'absent, en accordant audit représentant un délai d'une semaine entière pour donner sa réponse. Si l'absent n'a pas laissé de représentant chez lui et que le capitaine de la tribu ne lui connaisse pas d'autre représentant en dehors de sa maison; de même, si l'absent a un représentant

*et que ce représentant n'ait pas fait connaître sa réponse dans
la semaine, ou encore s'il a formellement rejeté l'offre formulée
— dans tous ces cas, l'intéressé sera considéré comme ayant
lui-même refusé d'exercer son droit de préemption.*

*Quand il s'est écoulé six mois depuis que le vendeur a com-
mencé à offrir la vente de son bien et que, durant ce laps de
temps, il ne l'a pas vendu pour une cause quelconque, s'il
veut le vendre ultérieurement, il doit alors l'offrir de nouveau
à ses proches (art. 48), comme si la première offre n'avait pas
eu lieu.*

Art. 54. — *Simultanément avec le prix et les autres conditions de vente, on fixe également le jour où on établira l'acte
écrit qui doit être soumis à l'homologation (art. 26).*

*La partie qui, sans justifier d'un empêchement, ne se présente
pas à l'endroit et dans le temps désigné pour dresser l'acte, ou
qui encore ne remplit pas une quelconque des conditions arrê-
tées, doit indemniser l'autre partie du préjudice qui résulte,
pour cette dernière, de son omission (art. 541).*

Art. 55. — *En cas d'une vente d'immeuble par le tribunal,
celui-ci doit, au moins un mois d'avance, faire publier dans le
territoire de la tribu sur lequel se trouve cet immeuble, la date
et le lieu de la vente publique. Cette publication doit rappeler
expressément que quiconque a droit de préemption et désire
participer aux enchères, est tenu de se présenter en temps voulu
sur les lieux de la vente, ou qu'autrement il ne pourra en
aucune manière, pour cette fois, exercer son droit.*

*À la vente publique, tout Monténégrin, qu'il soit de la tribu ou
d'une autre tribu, a le droit de prendre part aux enchères; et
quiconque offrira le dernier prix le plus élevé devient acquéreur de l'immeuble.*

*Toutefois si, tant que la séance n'est pas levée, quelque proche
offre le même prix le plus élevé qui a mis fin aux enchères
publiques, l'immeuble lui sera adjugé pourvu que, dans l'ordre
d'exercice du droit de préemption (art. 49-52), il occupe un
rang antérieur à celui du dernier enchérisseur. Si, jusqu'au
moment de la séparation de la réunion, aucun proche ayant
un droit d'antériorité ne se présente, le dernier enchérisseur
sera déclaré acquéreur définitif, et, fût-il étranger à la tribu,
il ne pourra plus dorénavant être troublé dans sa propriété, au
nom d'un droit quelconque de préemption.*

Art. 59. — Si le vendeur d'un immeuble, pour empêcher
indûment l'exercice du droit de préemption, déclare qu'il lui en

est offert un prix supérieur à la réalité, celui dont le droit de préemption vient en rang utile peut demander la nullité de la vente et acquérir *lui-même* l'immeuble au prix réellement versé. L'auteur du dol doit, en outre, réparer tout dommage résultant, pour qui que ce soit, de cette fraude. *De plus, si l'auteur du dol a eu des complices de mauvaise foi, ces derniers, quels qu'ils soient, sont solidairement responsables, chacun dans la mesure de son acte illicite, de tout le tort causé.*

La règle s'applique par analogie quand une fraude semblable a eu lieu dans un échange d'immeubles; ou encore quand, pour le même motif, on a déguisé une vente sous le nom de donation (art. 58).

Art. 60. — L'action résultant de la violation du droit de préemption et la demande en nullité du contrat ou en indemnité du dommage souffert sont prescrites par une semaine à partir du jour où le demandeur a eu connaissance du *contrat*.

Mais, quand un mois s'est écoulé depuis le jour où l'homologation du contrat de translation de propriété a eu lieu, toute action ou demande en pareille matière est prescrite, quelle que soit l'époque à laquelle le détenteur du droit de préemption aura eu connaissance du fait.

Toutefois, s'il y a eu fraude intentionnelle lors de l'offre de vente ou de la conclusion ou de l'homologation du contrat (art. 59), et que, par suite, un des proches se soit trouvé empêché d'exercer son droit de préemption, le proche intéressé peut attaquer le contrat durant toute une année, à compter du jour de l'homologation.

Art. 64. — *Outre l'étranger auquel un traité international donnerait pouvoir de posséder en propre des immeubles au Monténégro, seul l'étranger à qui le chef de l'État a accordé expressément ce droit peut devenir propriétaire, mais seulement aux conditions établies pour chaque cas particulier.*

Toutefois la propriété d'un immeuble ne confère à aucun étranger le droit légal de préemption (art. 47-62), lequel, de par sa nature, ne peut appartenir qu'aux seuls Monténégrins.

Art. 67. — (Les deux derniers points du premier alinéa ont été supprimés.)

Art. 74. — Quiconque tue ou prend une bête sauvage, telle qu'un ours, un loup, un sanglier, un lièvre, un oiseau sauvage, etc., en devient propriétaire, à moins que la chasse n'en fût interdite. Est regardé aussi comme animal sauvage celui qui, après avoir été apprivoisé, s'est échappé et est redevenu sauvage.

Pour la chasse qui se fait en commun ou en suite d'un appel public, ou encore lorsque le chasseur reçoit, d'une manière quelconque, l'aide d'un tiers, on doit se conformer aux règles tracées, par la coutume, pour chacun de ces cas.

Art. 77. — *Si le propriétaire ne se met pas à poursuivre l'essaim aussitôt après sa fuite, ou s'il le perd de vue ou s'il cesse de le solliciter, cet essaim est considéré comme n'ayant plus de maître. Dans ces cas, si les abeilles s'arrêtent sur la terre d'un particulier, soit sur l'herbe, soit sur des arbres soit sur une surface en plein air, elles sont considérées comme n'appartenant à personne et deviennent alors la propriété du premier occupant. Par contre, si elles sont entrées dans un arbre creux ou dans une grotte ou caverne du même patrimoine, on les considère immédiatement comme fixées et, par accession, elles deviennent la chose du propriétaire de l'arbre ou de la grotte.*

Si les abeilles se sont posées sur le terrain d'un village ou d'une tribu ou qu'elles y soient ou de passage ou définitivement installées, ces abeilles deviennent, aussitôt qu'il en a pris possession, propriété de celui qui les a découvertes.

On est censé avoir pris possesion de l'essaim abandonné quand on l'a marqūé (par exemple en traçant une croix ou tout autre signe); à partir de ce moment, personne ne peut plus se l'approprier.

Art. 148. — Celui qui possède un droit de servitude sur le fonds d'autrui doit, sans pour cela rien abdiquer de son droit, en user de façon à le rendre le moins lourd possible pour le propriétaire du fonds servant. Et même, si ce droit devait devenir moins lourd pour ce dernier au moyen d'un changement dans la direction du chemin, du canal ou de tout autre ouvrage établi pour l'exercice de la servitude, et que ce changement ne fût pas préjudiciable au propriétaire du fonds dominant, celui-ci ne pourrait pas s'y opposer. *Naturellement ce changement doit être effectué de telle sorte qu'il n'en résulte aucun dommage pour les voisins soit du fonds dominant, soit du fonds servant.*

TROISIÈME PARTIE.

DE LA VENTE ET DES AUTRES PRINCIPALES ESPÈCES DE CONTRATS.

Art. 259. — S'il n'a pas été fixé d'époque pour la restitution et qu'il ne soit pas possible de la fixer d'après les circonstances, elle n'aura lieu qu'après que le créancier aura signifié au débiteur son refus d'attendre plus longtemps. Cette restitution a lieu : *pour le prêt jusqu'à vingt francs, un mois après la signification; pour le prêt de plus de vingt francs jusqu'à deux cents francs, trois mois après la signification; pour le prêt de plus de deux cents francs jusqu'à cinq cents francs, six mois après la signification; pour tout prêt de plus de cinq cents francs, un an après.*

(Le second et dernier alinéa est identique à celui de la première édition.)

Art. 290, — (Au premier alinéa de la première édition, qui reste identique, on a ajouté ce qui suit) :

Cependant il y a exception pour les locations de moins d'une année; pour les contrats de l'espèce, même s'ils ne sont ni établis par écrit ni homologués, les droits du locataire demeurent entiers, tant que la durée de location convenue n'est pas entièrement écoulée.

Art. 295. — Quand, à l'expiration du bail d'une maison ou de tout autre bâtiment, des loyers restent encore dus, le bailleur peut retenir les meubles ou autres objets mobiliers qui se trouvent dans le bâtiment, en la mesure nécessaire pour garantir le payement des loyers encore dus par le locataire.

Toutefois on ne peut retenir les objets qui sont considérés comme le plus nécessaires à la vie et que, de par la loi, on doit laisser au débiteur obéré.

Art. 303. — Si une année le fermier n'a pas tiré de la terre au moins le tiers d'une récolte ordinaire, par suite de cas fortuits impossibles à prévoir (grêle, guerre, *sauterelles, mouches,* disette générale, etc.), il peut demander, à moins que le contrat n'en dispose autrement, une décharge proportionnelle de son prix de location.

Il ne peut prétendre aucune remise quand la mauvaise récolte provient d'une inondation, si le terrain est habituellement soumis à des inondations, ni en général quand elle est la conséquence d'une cause *que l'on pouvait facilement prévoir lors de la conclusion du contrat.*

Art. 316. — *A l'époque de la tonte du bétail, le preneur fixe lui-même le moment où se fera cette tonte; toutefois il doit prévenir à temps le bailleur pour que celui-ci assiste, s'il le désire, à l'opération. Quand le bailleur ne se présente pas au moment fixé, le preneur peut procéder seul à la tonte sans avoir à attendre;* il doit seulement réserver au bailleur la moitié de la laine et la lui livrer conformément à la coutume.

Art. 326. — Le troupeau que le preneur restitue à la fin du

contrat doit être du même nombre de têtes que celui qu'il a reçu (art. 322); *quant aux têtes manquantes le preneur les remplace en nature ou il en rembourse la valeur. En outre, la qualité du troupeau rendu doit être égale à celle du troupeau reçu, à moins que le contrat ou la coutume n'en décide autrement.*

On ne tient toutefois aucun compte de la différence entre le prix du troupeau au moment où le contrat a commencé, et celui de ce même troupeau à l'époque où le contrat a pris fin.

Art. 327. — *Dans le cheptel simple, les impôts de l'État sont supportés par moitié par le preneur et le bailleur; dans le cheptel de fer, ils sont à la charge exclusive du preneur.*

Art. 328 — *Les contrats d'autres sortes relatifs au bétail feront ultérieurement l'objet d'une loi spéciale ; en attendant, on doit à leur sujet se conformer aux règles de la coutume.*

Art. 394. — Les *boutiquiers* et simples traiteurs ne répondent pas de ce qui ne leur a pas été remis en mains propres, à moins que la perte n'ait eu lieu par leur faute ou par celle de leurs domestiques et des gens de leur maison.

Par le terme de simples traiteurs on entend seulement les teneurs d'établissements publics qui se bornent à vendre à manger; quant aux établissements dans lesquels les voyageurs séjournent la nuit, ce sont des auberges ou hôtels.

Art. 439. — La Société prend fin par la retraite *même* d'un seul de ses membres, soit au cas de l'article précédent soit au cas de l'article 436.

Si les autres associés s'entendent pour continuer entre eux, malgré cette retraite, leurs opérations antérieures en commun, on considère qu'ils ont constitué une société nouvelle.

Dans ce dernier cas, toutefois, les associés qui restent encore en communauté, doivent notifier le changement survenu à toutes personnes qui se trouvent avoir quelque rapport d'intérêt avec la Société.

Art. 452. — (Le second et dernier alinéa de la première édition est supprimé.)

QUATRIÈME PARTIE.

DES CONTRATS EN GÉNÉRAL ET DES AUTRES SOURCES D'OBLIGATIONS.

Art. 508. — (Le second et dernier alinéa de la première édition est supprimé.)

Art. 582. — Quand un bœuf, un cheval etc., se jette sur quelqu'un et lui fait une blessure ou cause quelque dommage à *un animal ou* à un autre objet lui appartenant, le propriétaire ou le gardien de l'animal *agresseur* en est responsable, à moins qu'il ne prouve qu'il n'y a de sa part ni mauvaise intention ni négligence, et que par suite aucune faute ne lui est imputable. On présume qu'il n'y a pas faute, quand l'animal agresseur n'avait pas jusqu'alors l'habitude de se jeter sur les gens (*quand le bœuf n'avait pas l'habitude de donner des coups de cornes, le cheval de ruer, etc.*)

Art. 633. — (Le dernier alinéa est modifié comme il suit :)

Une interpellation seulement extrajudiciaire, adressée par le créancier à son débiteur au sujet du payement, n'interrompt pas la prescription quand le créancier ne dit ou ne fait pas quelque chose qui pourrait être considéré comme une reconnaissance de son obligation.

CINQUIÈME PARTIE.

DE L'HOMME ET DES AUTRES SUJETS DE DROIT, DE LA CAPACITÉ ET, EN GÉNÉRAL, DU DROIT DE DISPOSITION.

Art. 645. — (Le second alinéa est modifié comme il suit :)

Dans les communautés de famille, le chef, s'il en reste un, est le tuteur naturel du mineur *n'ayant ni père ni mère,* à moins que le tribunal ne juge à propos, *en raison de motifs et de besoins particuliers,* d'en nommer un autre.

Art. 647. — C'est le tribunal de capitainerie dans lequel habite le mineur qui constitue l'autorité tutélaire. Ce tribunal, *d'accord avec les proches,* nomme le tuteur ou le tuteur adjoint; il a en outre la surveillance et la haute direction des affaires relatives à la tutelle (art. 963).

Le tribunal d'arrondissement, peut, en cas de difficulté, donner au tribunal de capitainerie, sur la demande de celui-ci, des instructions pour les affaires au sujet desquelles il est consulté, *soit d'après ses propres vues, soit après avoir demandé et reçu communication de la manière de voir du Grand Tribunal.*

Le tribunal d'arrondissement est l'instance supérieure, et le Grand Tribunal l'instance suprême pour tout ce qui concerne les affaires de tutelle.

Art. 690. — Les membres majeurs de la communauté peuvent, en toute liberté, disposer de leur pécule.

La femme mariée, elle aussi, même du vivant de son mari, peut disposer en toute liberté de son pécule, conformément à l'ancienne coutume, à moins que le contrat de mariage ne prescrive qu'il en doit être autrement. Toutefois, en ce qui concerne la donation contractuelle, la règle est que la femme ne peut, sans le consentement du mari, ni accepter ni faire une donation, sauf dans les cas indiqués à l'article 483.

Si, lorsque son consentement est nécessaire pour la conclusion d'un contrat, le mari refuse sans motif justifié ce consentement, la femme peut demander au tribunal de l'autoriser à contracter même en dehors dudit consentement. Le tribunal ne refusera pas cette autorisation si, après avoir examiné les arguments des deux parties et toutes les circonstances, il trouve, d'une part, que cette autorisation ne lèse aucun intérêt légitime, et que, d'autre part, l'affaire ne comporte rien qui soit contraire à la loi, à l'équité ni aux bonnes mœurs (art. 483, 509).

Art. 694. — Dans toutes les affaires que le chef peut conclure seul avec un tiers, il peut se faire représenter par une personne quelconque, homme ou femme, membre de la communauté ou non.

Lorsque l'absence du chef, marié, se prolonge, et qu'aucune autre disposition n'a été stipulée, on considère sa femme comme le représentant, pour la durée de cette absence, dans tous actes concernant les biens mobiliers, mais cela toujours seulement dans les limites des besoins courants de la maison.

SIXIÈME PARTIE.

EXPLICATIONS, DÉFINITIONS, DISPOSITIONS COMPLÉMENTAIRES.

Art. 834. — (Le texte de la première édition est suivi de l'observation ci-après :)

Observation : Autant qu'on laissera aux capitaines de tribus le pouvoir d'homologuer les contrats dont il s'agit dans les articles 26 et 31, ces capitaines seront tenus d'exécuter seulement ce qui est prescrit au premier alinéa de l'article 834 et au premier alinéa de l'article 835. (Voir les observations qui suivent les articles 21 et 32 du présent Code et la circulaire du Ministère de la Justice du 19 décembre 1893.)

Art. 919. — Quand un acte qui n'était pas absolument régulier a été ultérieurement validé par un acte confirmatif *ou par une reconnaissance,* il est en général réputé (suit le texte de la première édition).

Art. 936. — La clause pénale est l'amende ou toute autre peine à laquelle, d'après le contrat, sera soumis le débiteur en cas d'inexécution, ou en cas d'exécution non absolument conforme anx clauses de ce contrat.

Tout accessoire au contrat partage le sort de ce contrat (voir, par exemple, l'article 869). Comme les dispositions dont il est parlé au présent article et dans les deux précédents (934-936) sont également un accessoire au contrat qu'elles intéressent, évidemment elles tombent, elles aussi, en même temps que le contrat illégal et, en conséquence, elles ne peuvent avoir de valeur que si elles forment l'accessoire d'un contrat légitime.

Art. 1026. — Si tu as une convention à interpréter, tiens compte des mots, *mais toujours en ayant égard à la volonté et à l'intention.*

.

TRADUCTIONS DU CODE CIVIL

DU MONTÉNEGRO

1. **Code général des Biens**, pour la principauté de Monténégro de 1888. Traduit par Rodolphe Dareste, membre de l'Institut, conseiller à la Cour de cassation, et Albert Rivière, ancien magistrat, etc., Paris, imprimerie Nationale, 1892.

Publié par le Comité de Législation étrangère et imprimé aux frais de l'État, sur l'ordre de M. le Garde des sceaux.

2. **Codigo general de los Bienes**, por Gustavo Iglesias. Madrid, 1893. Incorporé dans la « Coleccion de las Instituciones politicas y juridicas de los Pueblos modernos, dirigida por el Excmo. Sr. Don Vicente Romero y Giron, y Don Alejo Garcia Moreno. Tomo X. Madrid, José Gongora y Alvarez, 1893 ».

3. **Allgemeines Gesetzbuch** über Vermögen für das Fürstenthum Montenegro. In die deutsche Sprache übertragen und mit einer Einleitung versehen von Adalbert Shek, Obergerichtsrath bei dem Obergerichte für Bosnien und die Herzegovina in Serajevo. Berlin, Carl Heymans Verlag, 1893.

4. **Codice civile** pel Montenegro, tradotto da Antonio Martecchini. v. Consigliere aulico, Presidente del Tribunale circolare di Cattaro (sous presse).

5. **Une traduction russe** du Code civil du Monténégro est actuellement en préparation.

PARIS. — IMP. P. MOUILLOT, 13, QUAI VOLTAIRE.

www.ingramcontent.com/pod-product-compliance
Lightning Source LLC
Chambersburg PA
CBHW050453210326
41520CB00019B/6194